Irene Liechti

Einhorn-Tanz

Eine Bewegungsmeditation

Für M. Sch.

in tiefer Dankbarkeit

Irene Liechti

Einhorn-Tanz

Eine Bewegungsmeditation

Impressum

Irene Liechti
Der Einhorn-Tanz® – Eine Bewegungsmeditation

© 2019 · Irene Liechti

1. Auflage 2019

Gestaltung
Kerstin Fiebig, Bielefeld

Illustration Umschlag/Innenteil
© Faber14 (envato.com)

Lektorat, Korrektorat
Miriam Wiesel

Fotos
Nino Ubezio (Stills aus dem Video)

Verlag und Druck
tredition GmbH, Halenreie 40-44, 22359 Hamburg

Bibliografische Information der Deutschen Nationalbibliothek:
Die Deutsche Nationalbibliothek verzeichnet diese Publikation
in der Deutschen Nationalbibliografie; detaillierte bibliografische
Daten sind im Internet über http://dnb.d-nb.de abrufbar.

ISBN Paperback: 978-3-7482-8248-8
ISBN e-Book: 978-3-7482-8249-5

Einleitung

„Erste Spuren klar,
im tief verschneiten Winterwald –
Atemwölkchen fein
dem Himmel entgegenziehn,
auf der Lichtung das Einhorn!"

Bewusst begegnete ich dem Einhorn vor mehreren Jahren in einem Buch, welches ich in die Ferien mitgenommen hatte. Neugierig probierte ich all die beschriebenen Übungen aus und hatte erstaunliche Begegnungen mit der geistigen Welt. Alles ging ganz leicht und mühelos. Meine Faszination war geweckt, und mein Radar wurde auf «Einhorn» eingestellt. Es war ja nicht so, dass ich keine Ahnung von Meditation und inneren Reisen hatte. Durch meine Arbeit als Tai Ji- und Qi Gong-Lehrerin sowie als Lebensberaterin bewege ich mich seit Langem auf einem spirituellen Weg. Aber bei dieser Einhorngeschichte ging mir das Herz ein großes Stück weiter auf. Und plötzlich nahm ein lang gehegter Wunsch Form an: nämlich, selber eine Bewegungs-meditation zu entwickeln und mit dem Einhorn zu verbinden. Voller Freude machte ich mich ans Werk – und wieder lief alles wie am Schnürchen.

So steht nun die Bewegungsmeditation «Einhorn-Tanz» im Zentrum dieses Buches.

Mit Text und Bild wird sie genau erklärt. Es ist jeweils genügend Raum vorhanden, um eigene Notizen/Skizzen hinzuzufügen. Eingebettet ist der «Einhorn-Tanz» in verschiedene Kapitel, welche diverse Aspekte rund ums Einhorn beleuchten. Darunter das spirituelle Märchen «Einhorn», welches ich selber verfasst habe und das für mich das zweite Kernstück dieses Buches darstellt.

Die einzelnen Kapitel werden jeweils von einem Tanka eingeleitet, welches ich selber kreiert habe. Das Tanka ist ursprünglich eine japanische Gedichtform. Sie entstand im 7. Jahrhundert und stellt noch immer eine beliebte, feste Versform dar. Im klassischen Sinn besteht das Tanka aus 31 Silben in fünf Versen, die sich aus 5-7-5-7-7 Silben zusammensetzen. Wo immer möglich, habe ich diese Silbenabfolge einzuhalten versucht.

Das Einhorn in Vergangenheit und Gegenwart

*Ein Schatten so klar
fliegt auf sonnig hellem Sand
vorbei wie ein Traum –
was bleibt, sind Zuversicht und
klingendes Licht im Herzen."*

Jedermann weiß, wie ein Einhorn aussieht, obwohl es im Tierreich nicht vorkommt. Seit Jahrtausenden wird das Einhorn in unterschiedlichen Kulturen erwähnt, verehrt oder auch gefürchtet. Zahlreiche Sagen und Mythen sind diesem zauberhaften Wesen gewidmet.

Die folgenden fünf Abschnitte sind dem Sinn nach Aleke Thujas Buch entnommen[1]: So soll dem chinesischen Kaiser Fu Hsi vor 5000 Jahren ein Einhorn, *«k'i-lin»*, begegnet sein. Er studierte die magischen Zeichen auf dessen Rücken – und aus diesen Symbolen habe der Kaiser die chinesischen Schriftzeichen entwickelt.

Einer anderen Überlieferung zufolge begegnete die Mutter des Konfuzius einem Einhorn. In seinem Maul trug es eine Jadetafel, auf der die große Weisheit beschrieben war, zu welcher dieser Knabe heranwachsen sollte. Und Konfuzius selbst wurde, so will es die Legende, kurz vor seinem Tode von einem Einhorn besucht.

---

1) *Vgl. dazu: Aleke Thuja, Dem Einhorn auf der Spur – zur Kulturgeschichte eines Mythos, München 1988, S. 8f., 11, 24, 27ff.*

Weiter taucht das Einhorn im Zusammenhang mit verschiedenen Religionen auf. Siddharta, der als Gründer des Buddhismus gilt und auf Krone und Macht verzichtete, um Wanderprediger zu werden, hat sich in einem Gedicht mit dem einsam umherstreifenden Einhorn verglichen.

Der Legende nach soll ein «selbstverständliches» Tier im Paradies mit Adam und Eva gelebt haben. Verschiedene Darstellungen aus dem Mittelalter stellen diese Szenen mit einem Einhorn dar. In dieser Zeit galt das Einhorn im christlichen Kontext als Symbol für das Reine, Erhabene. Der sechsteilige Millefleurs-Wandbehang «La Dame à la Licorne» ist um 1500 in Brüssel im damals bedeutendsten Webzentrum Europas entstanden und weltbekannt. Heute befindet er sich im Musée de Cluny in Paris. Rilke hat die sechs Wandteppiche in «Die Dame mit dem Einhorn» wunderbar beschrieben.

Als Luther die Bibel ins Deutsche übersetzte, verwendete er wieder den ursprüng-
lichen Namen «Einhorn» für das einhörnige, pferdeähnliche Tier und nicht mehr «Rhi-
nozeros», wie es seit Jahrhunderten üblich war.

Im schamanischen Kontext erscheint das Einhorn sehr oft als Krafttier mit ganz speziellen Attributen wie überirdische Ausstrahlung, glockenhelle Stimme, leuchtendes Horn,
sanfte Augen und Rosenduft. Alles dreht sich um Wahrhaftigkeit und Göttlichkeit.

Ob in der Heraldik, im Märchen, in Romanen, Erzählungen und Gedichten – das Einhorn taucht auch heute immer wieder auf. Besonders beeindruckt hat mich das Gedicht «Einhorn» von Hilde Domin:

> „Die Freude
> dieses bescheidenste Tier
> dies sanfte Einhorn
> so leise
> man hört es nicht
> wenn es kommt, wenn es geht
> mein Haustier
> Freude
> wenn es Durst hat
> leckt es die Tränen
> von den Träumen."

Aktuell erscheinen Filme und viele Kinder- und Jugendbücher mit dem Einhorn als Titelhelden. In letzter Zeit hat ein regelrechter Hype eingesetzt. So findet man das Einhornsujet auf Ansichtskarten, Stickern und Nippes. Aufblasbare Einhorn-schwimmtiere, Einhornwürste oder Einhornparkplätze sind anzutreffen ... ob passend oder unpassend, sei dahingestellt.

Ebenso erhält das Einhorn in der esoterischen Welt neuen Aufschwung – im Buchhandel gibt es viele Neuerscheinungen – das Einhorn als höchst spirituelles Wesen!

Wie es zu diesem Buch kam

*„Liebes Einhorn du,
bitte unterstütze mich
während der Prüfung –
richte deinen heilenden
Strahl auf mein zitterndes Herz."*

In meiner Arbeit als Psychomotoriktherapeutin mit Kindern und Jugendlichen begegnete ich dem Einhorn ebenfalls. Hier hat das Nachahmen von Tieren im Rollenspiel einen wichtigen Stellenwert. Gefühle und Entwicklungsthemen können ausgedrückt und spielerisch angegangen werden. Neue Verhaltensmuster werden angebahnt. Auf inneren Reisen können die Kinder ihrem Helfer- oder Krafttier begegnen. Im Gegensatz zu den Erwachsenen fällt es den Kindern oft leichter, ihr Krafttier in kurzer Zeit zu finden – der Verstand als hemmende Barriere steht ihnen noch kaum im Weg. Diese Helfertiere werden oft zu wichtigen Begleitern im Alltag, um schwierige Themen wie Unsicherheit, Ängste, Ungeduld etc. erfolgreich anzugehen. Diese Tiere verkörpern Eigenschaften, die bereits in den Kindern schlummern und nur geweckt werden müssen. Gerade kleine Kinder machen die Trennung zwischen innen und außen noch nicht – deshalb spielt es für sie keine Rolle, ob sie das Tier im Herzen spüren oder real neben sich «sehen». Wichtig ist, es ist da und hilft ihnen. Immer wieder passiert es, dass gerade das Einhorn als Krafttier auftaucht. Die Kinder malen jeweils ihr Tier und hängen es nicht selten als Unterstützung über ihrem Bett oder Arbeitstisch auf. Ich kann mich gut an ein achtjähriges Mädchen erinnern, das mich ganz selbstverständlich fragte, ob ich ihm die Fotografie eines Einhornes im zoologischen Band zeigen könnte. Dort schlagen wir jeweils nach, wenn unklar ist, wie das Tier aussieht. Das Mädchen zweifelte nicht daran, dass es Einhörner in der realen Welt gibt.

Inspiriert durch die Kinder begann ich, Geschichten von Einhörnern zu suchen und sie ihnen zu erzählen. Mit der Zeit erfand ich eigene Geschichten, jeweils auf die einzelnen Kinder und ihre Entwicklungsthemen zugeschnitten.

Junge, 10 Jahre alt

Auch in meiner Arbeit mit Erwachsenen als Tai Ji-Lehrerin spielen Geschichten, Mythen sowie spirituelle Texte eine wichtige Rolle. Die Tai Ji-Bewegungen selbst sind
kraftvoll und zutiefst heilend. In jener Tradition, die ich lehre, gibt es eine Drachen-
Form. Dieses Tier existiert ebenfalls nicht in der realen Welt. Nebst Drachen kommen in den Tai Ji-Abfolgen auch andere Fabelwesen vor wie der Phönix oder der
Vogel Roc. Ein Einhorn jedoch ist nirgends zu finden.

So wuchsen in mir der Wunsch und die Idee heran, eine Bewegungsfolge zum Einhorn zu entwickeln. In zahlreichen schamanischen Trommelreisen bin ich der Frage
nachgegangen, was uns dieses Wesen vermitteln will. Reinste Liebe und höchst
schwingende Energie, welche im geöffneten dritten Auge wurzelt, waren zwei der
wichtigsten Eigenschaften, die auftauchten. Herz- und Lichtkraft können heilen.

Die Herzebene ist zentral – und damit verbunden die Ausgeglichenheit zwischen
männlicher und weiblicher Energie. Der Klang ist hell, glockenhell. Und der Duft der
Rose ist untrennbar mit dem Einhorn verbunden.

Ausdrücklich wurden die Erdung und Verwurzelung als wichtige Teile hervorgehoben. Weiter soll die Form mit lachenden Augen und lachendem Herzen getanzt werden. Irgendwann hatte ich so viel geforscht und ausprobiert, dass die Form ganz einfach aus mir herausperlte. Die Bewegungsfolge beinhaltet sowohl klassische Tai Ji- und Qi Gong-Elemente als auch neu geschaffene Bewegungen. Die Verbindung von alt und neu, von traditionellen und zeitgenössischen Bewegungen, unterscheidet den Einhorn-Tanz von rein klassischen Formen.

Der Ablauf des Einhorn-Tanzes kommt einer spirituellen Reise gleich. Eingangs werden Körper und Geist geweckt und gereinigt. Im Anschluss werden lebenswichtige Organe wie Leber, Nieren und Herz energetisch gestärkt. Später gilt es, sich mit den Schattenanteilen, unseren unbewussten Seelenaspekten, auseinanderzusetzen. Diese werden bewusst gemacht und zu Licht transformiert. Die Form klingt aus mit der Befragung des Herzens nach der Seelenaufgabe. Aus der Tiefe holen wir den Schatz, unsere Talente, ans Licht und schenken unsere Gaben der Welt.

Der Einhorn-Tanz, eine Bewegungsmeditation

Beschreibung der Form

*Horch dem Glockenklang,
trau deinen lachenden Augen,
befrage dein Herz –
lichtdurchflutete Weide
als Zeugin ihres Daseins!"*

Einstimmen

Ausrichtung nach Osten – in schulterbreitem Stand gut verwurzeln – den Atem tief ins Becken strömen lassen – mit lachendem Herzen und lachenden Augen in die Bewegungsfolge eintauchen.

Notizen/Skizzen

Aus der Unendlichkeit kommen wir – in die Unendlichkeit gehen wir zurück ...

Mit den Händen auf Dantianhöhe (leicht unterhalb des Nabels; s. Glossar) eine liegende Acht zeichnen: Die linke Hand beginnt und wird von außen her zur Mitte geführt und beschreibt einen Kreis, die rechte folgt (Handherzen sind zur Erde gerichtet) – je 3 x (oder länger, wenn nötig) – erst die linke, dann die rechte Hand aufs Dantian legen.

Notizen/Skizzen

Das Qi wecken

Beide Arme parallel und wellenförmig leicht steigen (Hände bis höchstens Schulter-höhe) und wieder sinken lassen – 1 x.

Notizen/Skizzen

Auf dem Berg stehen und sich in die Weite öffnen

Nochmals die Arme wellenförmig steigen lassen und ab Schulterhöhe je seitlich ausbreiten – der Blick schweift dabei in die Ferne – die Arme wieder zusammenführen und parallel sinken lassen – 1 x.

Notizen/Skizzen

Dem Regenbogen unsere Ehrerbietung darbringen

Die Arme über vorne aufsteigen lassen bis in die senkrechte Position – Handflächen wenden sich einander zu (Verbindung zwischen den Handherzen wahrnehmen; s. Glossar) – gleichzeitig die linke Fußspitze auswärts drehen (Ferse ist leicht abgehoben, als könnte man noch ein Blatt Papier darunter durchschieben) – das Gewicht bleibt auf dem rechten Fuß – die Arme nun nach links neigen – dabei sinkt die linke Hand nicht unter Schulterhöhe. Dann gleichzeitig den linken Fuß wieder parallel zum rechten stellen und die Arme zurück über den Kopf führen. Nun die rechte Fußspitze ausdrehen (die Ferse ist leicht abgehoben) – und den Regenbogen nach rechts schieben – zurück zur Mitte und Arme/Hände je seitlich sinken lassen, als wollte man den Regenbogen zur Erde führen und sich mit seiner schützenden Kraft umhüllen – 1 x.

Notizen/Skizzen

Wir verbinden uns mit unserem Herzraum, öffnen und erweitern ihn

Die Arme und Hände vom Herzen aus in jede Richtung ausstrecken und den jewei-
ligen Raum erweitern:

Vor dem Unterbauch mit den Händen eine Schale bilden – die Hände bis Herzhöhe
aufsteigen lassen – dabei verbinde ich mich mit meinem Herzraum, lausche hinein
– dann die Hände drehen (Handherzen sind nun nach unten gerichtet) und durch
die Mitte nach unten führen – wieder die Schale bilden. Erneut bis Herzhöhe steigen
lassen, dann die Handherzen nach vorne ausrichten und nach vorne bewegen –
bevor die Arme ganz ausgestreckt sind, sinken lassen. Wieder die Schale bilden, bis
auf Herzhöhe steigen lassen, die Handherzen auf Schulterhöhe nach außen drehen
und diesmal die Arme je seitlich nach links und rechts ausbreiten – bevor sie ganz
gedehnt sind, sinken lassen. Beim nächsten Mal drehen wir das Becken nach links
und führen den linken Arm nach hinten und den rechten nach vorne/die linke Handinnenfläche schaut nach hinten, die rechte nach vorne – beide Arme sinken und das
Becken zurückschwingen lassen. Wieder die Schale heben, Becken nach rechts dre-

hen, den rechten Arm nach hinten und den linken Arm nach vorne bewegen/rechte Handinnenfläche ist nach hinten gerichtet, die linke nach vorne/wieder auf Schulterhöhe – Arme sinken und Becken zurückschwingen lassen. Erneut die Schale zum Herzen führen, dann die linke Hand oben (Handinnenfläche nach oben gerichtet) und die rechte nach unten führen (Handinnenfläche nach unten gerichtet) – einen Moment lang Himmel und Erde stützen – die obere Hand seitlich nach unten führen und wieder die Schale bilden. Dann umgekehrt – die rechte Hand stützt den Himmel und die linke die Erde – den rechten Arm seitlich sinken lassen. Nun die Arme wieder über die Mitte nach oben führen und seitlich heruntersinken lassen – wenn die Hände am Sinken sind, den rechten Fuß um 45 Grad nach rechts drehen, den linken nachstellen, sodass wir nach Süden ausgerichtet im schulterbreiten Stand stehen. Hier die Arme ganz sinken lassen und einen neuen Kreis beginnen. Wieder eine Vierteldrehung nach rechts machen, wir schauen nach Westen, beenden den Armkreis und beginnen einen neuen – das Gleiche nach Norden ausgerichtet. Zum Schluss schauen wir wieder nach Osten und beenden den letzten Kreis.

Wir stellen uns dabei vor, dass wir uns mit einem Duft, einer Farbe, einem Klang oder … einhüllen, die wir mit unserem Herzen in Verbindung bringen.

Notizen/Skizzen

Die Handherzen wecken

Beide Hände vor dem Dantian halten mit zum Himmel gerichteten Handherzen – gleichzeitig den linken Fuß schräg hinter dem rechten aufsetzen und die Knie beugen – der Oberkörper bleibt aufrecht – wieder aufrichten, zurück in den schulterbreiten Stand kommen, die Hände wenden und sinken lassen. Dasselbe auf der anderen Seite: Den rechten Fuß schräg hinter dem linken aufsetzen, die Knie beugen, dabei die nach oben gerichteten Handherzen mitsinken lassen – aufrichten, in den schulterbreiten Stand kommen, die Hände wenden und sinken lassen.

Notizen/Skizzen (hier eventuell ein liniertes/kariertes Papier zur Hand nehmen)

Die Fußherzen wecken

Linkes Bein anheben und nach hinten abwinkeln, sodass die Fußsohle nach oben zeigt – gleichzeitig mit den Händen Schalen bilden und neben den Hüften halten (Fingerspitzen zeigen nach hinten) – dann sehr bewusst die linke Fußsohle zurück zur Erde bewegen und beide Hände mit nach unten gerichteten Handherzen auch Richtung Erde bewegen, bis die Arme entspannt nach unten hängen. Dabei verankern wir uns ganz stark mit den Erdkräften.

Dasselbe auf der anderen Seite: Das rechte Bein anheben und nach hinten abwinkeln/Fußsohle schaut nach oben/Handschalen neben den Hüften – rechten Fuß bewusst absetzen und die Hände Richtung Erde bewegen. Auch hier bewusst Hand- und Fußherzen verankern.

Notizen/Skizzen (hier eventuell ein liniertes/kariertes Papier zur Hand nehmen)

Das dritte Auge reinigen

Linke und rechte Hand ziehen abwechslungsweise waagrecht von der Stirnmitte aus seitwärts; sobald der Arm beinahe ausgestreckt ist, eine ausschüttelnde Handbewegung nach außen/hinten machen – im Geiste all die angesammelten Schlacken (wie zum Beispiel negative Gedanken, schwächende Muster oder aufgenommene Fremdenergie) wegschleudern – je 3 x.

Notizen/Skizzen

Durch das Horn Licht einströmen lassen

Linke, offene Faust (Daumen liegt auf Zeigefingerendglied) dicht vor das dritte Auge führen (schräg nach oben gerichtet) – die rechte, offene Faust mit ein paar Zentimeter Abstand anfügen – im Geiste Licht durch das Horn in den Körper einfließen lassen. Dann beide Fäuste langsam schräg nach vorne oben führen, dabei in der Vorstellung innerlich hinaufspiralen – Fäuste allmählich öffnen und Hände/Arme je seitlich nach unten führen. Vorstellung: Sternenregen fließt über uns.

Dann umgekehrt: Erst die rechte Faust vor das dritte Auge führen, die linke mit wenigen Zentimetern Abstand anfügen – Licht einfließen lassen. Beide Fäuste schräg nach vorne oben führen, Fäuste allmählich öffnen und Hände/Arme seitlich nach unten führen. Vorstellung: Sternenregen.

Notizen/Skizzen (hier eventuell ein liniertes/kariertes Papier zur Hand nehmen)

Das Meer entlang galoppieren

Im Uhrzeigersinn im Kreis vorwärtsbewegen

Mit linkem Fuß nach vorne springen/gleichzeitig den rechten Arm waagrecht nach vorne stoßen und über unten rund zurücksinken lassen – dann mit dem rechten Fuß nach vorne springen/gleichzeitig den linken Arm waagrecht nach vorne stoßen und über unten rund zurücksinken lassen – und so weiter, bis wir wieder auf den Start-platz zurückkehren.

Notizen/Skizzen

Yin und Yang ausgleichen

Schulterbreiter Stand, wieder nach Osten ausgerichtet: Linker Arm gebeugt, Hand-schale vor dem Unterbauch (ohne diesen zu berühren) – die rechte Hand streicht nun über den feinstofflichen Bereich (s. Glossar) der linken Schulter, des linken In-nenarmes und der linken Innenhand sowie darüber hinaus. Dann Seitenwechsel: Den rechten Arm gebeugt halten, Handschale vor dem Unterbauch – nun streicht die linke Hand über den feinstofflichen Bereich der rechten Schulter, des rechten Innenarmes und der rechten Innenhand sowie darüber hinaus. Mindestens je 3 x.

Notizen/Skizzen

Den Tiger umarmen und zurückkommen auf den Berg

Schöpfende Armbewegung vor dem Unterbauch, Arme gekreuzt in großzügiger Bewegung hochnehmen bis Kopfhöhe – dann teilen, bis Unterarme senkrecht und parallel stehen – Handinnenflächen nach vorne drehen und vom Ellbogen her Unterarme parallel sinken lassen, bis Arme locker neben dem Körper hängen.

Notizen/Skizzen

Die Leber stärken

Vor der Leber rechts mit beiden Händen gleichzeitig die Luft kneten/in der Vorstellung mit den Fingerspitzen die Leber massieren – 4 x – beim fünften Mal die restlichen Schlacken aus der Leber herausziehen und die Arme diagonal nach oben außen führen – einen Moment in dieser Siegesposition stehen bleiben/dabei sind die Handrücken zueinander gerichtet (Hände weit geöffnet – Luft zwischen den Fingern spüren) – dann allmählich die Hände drehen, sodass die Handinnenflächen zueinander gerichtet sind. Vorstellung: Wir tragen eine riesige Schale in unseren Armen. Dann langsam die Arme je seitlich sinken lassen/die Handinnenflächen drehen sich allmählich nach unten.

Notizen/Skizzen

Die Nieren stärken

Rechte Fußspitze leicht hinten aufsetzen und eine Vierteldrehung nach rechts machen: Wir sind nun nach Süden ausgerichtet, weiterhin in schulterbreitem Stand. Das Becken kippen und in der Vorstellung die Nieren sanft nach hinten zur Rückenwand rutschen lassen/Unterarme in der Mitte aufgestellt (Handinnenflächen schauen nach vorne) – die Hände nun durch die Mitte etwas nach oben führen und seitlich nach unten kreisen – drei konzentrierte Kreise ausführen; nur so groß, dass die Unterarme stets aufgestellt bleiben (Vorstellung: Wir wischen über eine imaginäre, vertikale Scheibe) – beim dritten Mal die Arme seitlich nach unten führen.

Notizen/Skizzen

Das Herz stärken

Linke Fußspitze hinter dem rechten Fuß kreuzen, eine halbe Drehung vollziehen: Wir sind nun nach Norden ausgerichtet, schulterbreiter Stand. Schritt links nach vorne/gleichzeitig beide Hände auf Herzhöhe nach vorne stoßen – Gewichtsverlagerung am Schluss 6:4 (der hintere Fuß bleibt mit der Erde verwurzelt) – bevor die Arme ganz ausgestreckt sind, in die Schildposition kommen: Rechter Arm bildet einen Schild vor dem Körper auf Herzhöhe/linke Finger liegen nebeneinander auf dem rechten Handgelenk (schräg nach rechts oben zeigend) – in dieser Position das Gewicht wieder auf den hinteren rechten Fuß zurückverlagern – 3 x nach vorne stoßen und in Schildposition zurückkommen (beide Füße bleiben dabei gut mit dem Boden verankert). Am Schluss den linken Fuß schulterbreit neben den rechten zurückstellen und die Arme sinken lassen.

Notizen/Skizzen (hier eventuell ein liniertes/kariertes Papier zur Hand nehmen)

Die Kräfte aus der geistigen Welt ehren

Den linken Fuß um 90 Grad nach links drehen und den rechten Fuß an Ort nach-drehen: Wir stehen nun in Schrittposition nach Westen gerichtet. In dieser Stellung mit den Armen eine Schwimmbewegung nach vorne machen und den rechten Fuß dicht neben den linken stellen. In dieser Stellung die Schwimmbewegung nach oben hin ausführen (erst berühren sich die Handrücken, dann langsam drehend kommen die Handinnenflächen aufeinander zu liegen) – über dem Kopf lösen sich die Arme/Hände voneinander und werden seitlich nach unten geführt. Nun Schritt rechts nach vorne/Schwimmbewegung nach vorne ausführen – Schritt schließen (linken Fuß nachstellen) – Schwimmbewegung nach oben ausführen. Hände in Gebetsstellung vor das Brustbein bringen, wir verneigen uns dankend vor der geistigen Welt.

Notizen/Skizzen

Auseinandersetzung mit unseren Schattenanteilen

Linken Fuß hinter dem rechten kreuzen/lockere Fäuste (Daumen außen) nach oben gerichtet an den Hüften liegend/eine halbe Drehung machen: Wir sind nach Osten ausgerichtet, schulterbreiter Stand.

Schritt links diagonal nach vorne/rechte Faust drehen und in derselben Richtung in linke Ecke stoßen – der ganze Körper ist nun in der linken Diagonale ausgerichtet/ Gewichtsverlagerung 6:4/Nordosten – dann den rechten Fuß nachziehen/zur Mitte hin ausrichten/beide Fäuste wieder neben den Hüften/Osten.

Das Gleiche auf der anderen Seite: Schritt rechts diagonal nach vorne/linke Faust drehen und in derselben Richtung in rechte Ecke stoßen – der ganze Körper ist nun in der rechten Diagonale ausgerichtet/Gewichtsverlagerung 6:4/Südosten – dann den linken Fuß nachziehen/zur Mitte hin ausrichten/beide Fäuste wieder neben den Hüften/Osten.

Linken Fuß hinter dem rechten kreuzen/eine halbe Drehung ausführen: Wir sind nun nach Westen ausgerichtet, schulterbreiter Stand. Wieder Schritt links in linker

Diagonale/ganzer Körper richtet sich in dieser Richtung aus/leere, rechte Hand stößt in linke Ecke (s. Glossar)/Schwertfinger der linken Hand (s. Glossar) bewegen sich bogenförmig nach außen/oben, bis sie den Kopf seitlich vorne und oben schützen/Gewichtsverlagerung 6:4/Südwesten – den rechten Fuß neben den linken stellen/Körper nach vorne ausrichten: Westen/beide Fäuste (nach oben gerichtet) neben Hüften.

Auf der anderen Seite: Schritt rechts in rechter Diagonale/ganzer Körper richtet sich in dieser Richtung aus/leere, linke Hand stößt in rechte Ecke/rechte Schwertfinger bewegen sich bogenförmig nach außen und oben, bis sie den Kopf seitlich vorne und oben wie einen Schild decken/Gewichtsverlagerung 6:4/Nordwesten – den linken Fuß hinter dem rechten kreuzen und eine halbe Drehung vollziehen/der Körper ist wieder nach Osten ausgerichtet/beide Fäuste neben den Hüften.

Notizen/Skizzen

Die Schatten in Licht transformieren

Handgelenke vor dem Dantian übereinanderlegen und sich aneinander drehend durch die Mitte hinaufführen, bis wir über dem Scheitel eine Lotosblüte tragen: Handgelenke, kleine Fingerbeeren und Daumenendglieder berühren sich – die restlichen Finger öffnen sich weit zu einer Blüte. In dieser Haltung drehen wir uns nun im Uhrzeigersinn mit geschmeidigen Schritten um die eigene Achse. Wenn wir wieder nach Osten ausgerichtet sind, lösen wir die kleinen Finger voneinander und lassen die Hände in Tigermaulstellung (s. Glossar) durch die Mitte hinuntersinken und legen sie aufs Dantian: Die waagrecht gehaltenen Daumen liegen auf dem Bauchnabel und berühren sich an den Endgliedern/die Zeigefinger sind schräg nach unten gerichtet und berühren sich auch an den Endgliedern/die restlichen Finger sind gestreckt und liegen eng beieinander – es entsteht ein auf dem Kopf stehendes Dreieck.

Notizen/Skizzen (hier eventuell ein liniertes/kariertes Papier zur Hand nehmen)

Das Herz befragen – unsere Seelenaufgabe suchen und finden

In schulterbreitem Stand: Die linke Hand bogenförmig sanft von links über vorne nach rechts bewegen und auf Herzhöhe wieder nach links streichen, bis der Arm fast ganz ausgestreckt ist – versetzt beginnt die rechte Hand und vollführt denselben Ablauf seitenverkehrt – je 3 x – es ergibt sich eine liegende Acht, diesmal sind die Handherzen jedoch zum Körper gerichtet (und nicht wie zu Beginn der Form zur Erde) – dann die linke Hand zuerst auf das Brustbein legen und die rechte darüberlegen. Vorstellung: Wir befragen unser Herz nach unserer Seelenaufgabe. Während dieses Bewegungsablaufs stellen wir uns den kostbaren Duft von Rosen vor.

Notizen/Skizzen

Verbindung von Herz und Becken

Linken Vorderfuß leer vorne aufsetzen (wir sitzen auf dem hinteren rechten Bein)/mit der linken Hand einen Kreis beschreiben, indem wir zuerst körpernah zur Erde sinken, die Hand dann über vorne hochbewegen und aufs Dantian legen – etwas versetzt sinkt auch die rechte Hand körpernah Richtung Erde, um dann über vorne hochzukommen und sich auf Herzhöhe aufs Brustbein zu legen. Einen Moment stehen wir also da, die linke Hand auf dem Dantian, die rechte auf dem Brustbein in Verbindung mit unserem Herzen – wir schaffen so eine Verbindung von Herz und Becken.

Dann Seitenwechsel: Den rechten Vorderfuß leer vorne aufsetzen/mit der rechten Hand einen Kreis beschreiben und sie dann auf unser Dantian legen – etwas versetzt die linke Hand kreisen und auf Herzhöhe auf unser Brustbein legen. Nochmals verbinden wir Herz und Becken.

Notizen/Skizzen (hier eventuell ein liniertes/kariertes Papier zur Hand nehmen)

Das Becken stärken – tief verwurzeln

Den rechten Fuß zurücknehmen und weit seitlich rechts abstellen – wir kommen in die Reiterstellung (Pferd-Schritt, s. Glossar): in den Knien stark beugen/Oberkörper bleibt aufrecht. Die linke Hand bleibt auf dem Herz liegen/aus dem rechten Handgelenk heraus machen wir nun vor dem Dantian im Uhrzeigersinn sehr schnelle Kreisbewegungen. Vorstellung: Wir schrauben uns regelrecht in die Erde hinein – unsere Füße und das Steißbein wachsen tief in die Erde hinunter – unser Becken wird durch diese Verankerung mit der Erde gestärkt – wir sind komplett geerdet. Die Bewegung ausklingen lassen, einen Moment in Ruhe stehen bleiben und das geerdete Gefühl genießen.

Notizen/Skizzen

Unsere Seelenaufgabe in die Welt bringen

Zurück in schulterbreiten Stand finden – die Hände vor dem Dantian wie in Sand hineingraben (Handrücken sind dabei nach vorne gerichtet) – dann aus unserer eigenen Tiefe den Schatz/die Seelenaufgabe heraufholen: Handgelenke sind dabei noch gekreuzt/Handherzen sind nun nach oben gerichtet – im Uhrzeigersinn mit geschmeidigen Schritten um die eigene Achse drehen und dabei die Hände nebeneinander halten – mit darbietenden Händen kreisen: Der Welt unsere Gaben schenken. Einen zweiten Kreis anhängen/die Hände und Arme immer höher hinaufbewegen, bis sie sich am Schluss wieder in der Gefäß-Haltung befinden: Wir tragen eine große Schale in unseren Armen über dem Kopf. Die Arme seitlich sinken lassen/allmählich drehen sich die Handherzen der Erde zu – zurückkommen in den schulterbreiten Stand.

Notizen/Skizzen (hier eventuell ein liniertes/kariertes Papier zur Hand nehmen)

Das Qi wecken

Beide Arme parallel und wellenförmig leicht steigen (Hände bis höchstens Schulterhöhe) und wieder sinken lassen – 1 x.

Notizen/Skizzen

Auf dem Berg stehen und sich in die Weite öffnen

Nochmals die Arme wellenförmig steigen lassen und ab Schulterhöhe je seitlich ausbreiten – der Blick schweift dabei in die Ferne – die Arme wieder zusammenführen und parallel sinken lassen – 1 x.

Notizen/Skizzen

Dem Regenbogen unsere Ehrerbietung darbringen

Die Arme über vorne aufsteigen lassen – Handflächen wenden sich einander zu (Verbindung zwischen den Handherzen wahrnehmen) – gleichzeitig die linke Fußspitze auswärts drehen (Ferse ist leicht abgehoben; als könnte man noch ein Blatt Papier darunter durchschieben) – das Gewicht bleibt auf dem rechten Fuß – die Arme nun nach links neigen – dabei sinkt die linke Hand nicht unter Schulterhöhe. Dann gleichzeitig den linken Fuß wieder parallel zum rechten stellen und die Arme zurück über den Kopf führen. Nun die rechte Fußspitze ausdrehen (die Ferse ist leicht abgehoben) – und den Regenbogen nach rechts schieben – zurück zur Mitte und Arme/Hände je seitlich sinken lassen, als wollte man den Regenbogen zur Erde führen – 1 x.

Notizen/Skizzen

Aus der Unendlichkeit kommen wir – in die Unendlichkeit gehen wir zurück ...

Mit den Händen auf Dantianhöhe (leicht unterhalb des Nabels) eine liegende Acht zeichnen: Die linke Hand beginnt und wird von außen her zur Mitte geführt, die rechte folgt versetzt (Handherzen sind zur Erde gerichtet) – je 3 x (oder länger, wenn nötig) – dann erst die linke, danach die rechte Hand aufs Dantian legen.

Notizen/Skizzen

Kurzfassung der Form

*Einhörner schweben
über Wiesenteppich bunt,
während Rosenduft
sie wie eine zarte Wolke,
doch mit Intensität umhüllt."*

• Der Einhorn-Tanz, eine Bewegungsmeditation
(mit lachenden Augen und lachendem Herzen tanzen)

• Aus der Unendlichkeit kommen wir – in die Unendlichkeit gehen wir zurück ...
(nach Osten gerichtet)

• Das Qi wecken – auf dem Berg stehen und sich in die Weite öffnen –
dem Regenbogen unsere Ehrerbietung darbringen

• Den Herzraum öffnen und erweitern

• Hand- und Fußherzen wecken

• Das dritte Auge reinigen und das Horn/den Körper mit Licht füllen

• Das Meer entlang galoppieren (im Uhrzeigersinn im Kreis herum)

• Yin und Yang ausgleichen (nach Osten gerichtet) –
den Tiger umarmen und zurückkommen auf den Berg

• Die Leber stärken

• Die Nieren stärken (nach Süden gerichtet)

• Das Herz stärken (nach Norden gerichtet)

• Die Kräfte aus der geistigen Welt ehren (nach Westen gerichtet)

• Auseinandersetzung mit unseren Schattenanteilen – die Schatten in Licht
transformieren (im Osten beginnen, nach Westen gerichtet beenden)

• Das Herz befragen – unsere Seelenaufgabe suchen und finden
(nach Osten gerichtet)

• Herz- und Beckenkraft verbinden

• Das Becken stärken – tief verwurzeln

• Unsere Seelenaufgabe in die Welt bringen (am Ort im Kreis herumgehen,
Uhrzeigersinn)

• Das Qi wecken – auf dem Berg stehen und sich in die Weite öffnen –
dem Regenbogen unsere Ehrerbietung darbringen (nach Osten gerichtet)

• Aus der Unendlichkeit kommen wir – in die Unendlichkeit gehen wir zurück ...

Anleitung zum Üben, Gesetzmäßigkeiten

„Sonnenlicht fällt durch
den lichtgrünen Frühlingswald,
ich halte inne –
da, ein Einhorn rennt leichtfüßig
zur sprudelnden Quelle hin."

Nachfolgend die wichtigsten Punkte, an denen man sich beim selbstständigen Üben orientieren kann. Am besten mit dem Stand beginnen. Dann nach und nach weitere Punkte berücksichtigen. Es empfiehlt sich, einen Einführungskurs zu besuchen.

• Grundsätzlich in schulterbreitem Stand stehen – die Fußaußenkanten befinden sich senkrecht unter den Schultern/Füße parallel halten

• Natürliche Beugung in den Knien – Zehenspitzen sollten von oben her gesehen immer noch sichtbar sein – besonders, wenn mehr Gewicht auf dem vorderen Fuß liegt (Diagonal-Schritte)

• Von den Fußsohlen her Wurzeln senkrecht und schräg nach unten außen in alle Richtungen wachsen lassen

• Das Steißbein in der Vorstellung verlängern und mit der Erde verwurzeln

- Sammlung im Dantian/Bauch

- Über den Kopf schaffen wir die Verbindung zum Himmel – wir können uns einen seidenen Faden vorstellen, der vom obersten Punkt am Scheitel nach oben zieht

- Wir stehen aufrecht zwischen Himmel und Erde

- Weicher Blick, wie durch Morgendunst hindurch – mit den Augen nichts festhalten wollen

- Sieben Anteile der Achtsamkeit sind nach innen und unten gerichtet – nur drei Anteile der Achtsamkeit sind nach oben und außen gerichtet

- Man übt also mit unterer Festigkeit und oberer Leichtigkeit

- Die Vorstellungskraft nicht übertreiben – großzügig bleiben, nicht im Detail verhaften

- Extremitäten nie überstrecken, bogenförmige Bewegungen anstreben

- In langsamem Fluss üben – die Bewegungen entfalten und falten sich in Zeitlupe

- Mit sanften und klaren Bewegungen die Luft verdrängen – als würden wir in der Luft schwimmen

- Mit innerem Lächeln üben

- Ein- und Ausatmung erfolgen natürlich durch die Nase

Vorübungen: Lemniskate-Bewegungen

„Wir kommen aus der
Unendlichkeit und kehren
in sie zurück –
unsre Zeit hier auf Erden,
wie ein Tautropfen im Meer ..."

Die Form der liegenden Acht verbindet unsere beiden Hirnhälften miteinander, damit wir ausgeglichen handeln, denken und fühlen können. Gleichzeitig ist sie eine Unterstützung, das Gleichgewicht zwischen männlichen und weiblichen Kräften in uns herzustellen, ungeachtet dessen, ob wir Frau oder Mann sind.

• Wie in der Bewegungsmeditation werden diese Vorübungen sanft fließend ausgeführt. Die Schmetterlingsübung kann zunehmend dynamisch gemacht werden.
• Der Körper soll angewärmt und die Gelenkräume sollen gelockert werden.
• Die vorliegenden Beispiele dienen als Anregung, eigene ähnliche Bewegungen zu erfinden.
• Falls nicht anders angegeben, immer in schulterbreitem Stand üben. Jede Übung jeweils in beiden Richtungen ausführen. Beobachten, welche Richtung mir mehr entspricht. Am einen Tag in der Lieblingsrichtung aufhören, am nächsten dann mit der anderen ... Spielerisch angehen.
• Ganz wichtig ist es, auf den eigenen Körper zu hören – allfällige körperliche Einschränkungen anzunehmen und die Bewegungen anzupassen!

Nacken/Kiefer lockern

Mit der Nasenspitze eine liegende Acht auf eine imaginäre, vertikale Scheibe vor mir zeichnen – lockerer Kiefer. Diese Übung wird nur in langsamem Tempo ausgeführt.

Becken

Etwas breiter als schulterbreit stehen: Mit dem Becken die liegende Acht horizontal in den Raum zeichnen – Vorstellung: Ich höhle mit meinem Becken einen feuchten Klumpen Ton aus – immer runder ausformen – Gewichtsverlagerung auf die jeweilige Fußseite – der Oberkörper bleibt nach vorne gerichtet. Auch diese Übung nur in langsamem Tempo ausführen.

Augen

Mit geschlossenen Augen und ohne Kopfbewegung üben.
a) Die Augäpfel führen eine liegende Acht um die Augen herum aus – Kreuzungspunkt ist die Nasenwurzel – es handelt sich also um die Bewegung auf einer imaginären, vertikalen Scheibe.

b) Vorstellen, dass sich die liegende Acht horizontal um die Augäpfel herumbewegt – die Augen verfolgen diese Bahn sanft mit.

Um die Heilwirkung zu vertiefen, kann man sich bei beiden Übungen die Acht blau fluoreszierend oder smaragdgrün vorstellen.

Schultern

Fingerspitzen auf Schultern legen – mit den Ellbogen abwechselnd nach hinten kreisen – Richtungswechsel – kann auch dynamischer gemacht werden, falls keine Beschwerden vorliegen.

Hängen

Etwas breiter als schulterbreit stehen: Mit dem Oberkörper vornüber hängen – die Fingerspitzen zeichnen die liegende Acht auf den Boden oder parallel darüber in die Luft – Nacken vollständig entspannen, Kopf hängt – das Gewicht stärker auf jenen Fuß verlagern, wo sich die Hände jeweils gerade befinden – nur in langsamem Tempo üben – beenden, indem Wirbel um Wirbel sanft aufgerollt wird.

Schmetterlingsübung (für Fortgeschrittene)

Etwas breiter als schulterbreit stehen: Es empfiehlt sich, die linke und rechte Seite je einzeln zu üben, bevor beide Seiten gleichzeitig bewegt werden.

Links: Mit der linken Hand neben der Hüfte eine liegende Acht zeichnen – dabei führt der Handrücken die Bewegung an. Diese Acht nun größer und im Raum diagonal werden lassen, bis die obere Schlaufe vorne rechts über Kopfhöhe reicht (wir überkreuzen also die Körpermittellinie), und die untere Schlaufe hinter dem Körper links Richtung Boden zeigt – der nahezu ausgestreckte Arm nützt den Schwung aus: Wie bei einem Pendel steht er vorne oben rechts und hinten unten links einen Moment lang scheinbar still, bevor der Schwung ihn wieder erfasst und weiterbewegt – der Blick bleibt weich nach vorne gerichtet – das Gewicht verlagern wir mit dem schwingenden Arm auf die jeweilige Seite, sodass der Gegenfuß mit der Ferse abhebt.

Rechts: Mit der rechten Hand neben der Hüfte eine liegende Acht zeichnen – wieder führt der Handrücken die Bewegung an. Die Acht größer und im Raum diagonal werden lassen, bis die obere Schlaufe vorne links über Kopfhöhe reicht (wir überkreuzen die Körpermittellinie) und die untere Schlaufe hinter dem Körper rechts Richtung Boden zeigt – erneut den Schwung ausnützen und das Gewicht mitverlagern.

Nun kombinieren wir beide Bewegungen versetzt: Wenn die rechte Hand vorne links oben ist, befindet sich die linke hinten links unten – und wenn die linke Hand vorne rechts oben ist, befindet sich die rechte Hand hinten rechts unten. So zeichnen wir die Konturen eines Schmetterlings mit vier Flügeln nach – wenn wir uns vorstellen, unsere Hände würden Lichtbahnen in die Luft zeichnen, könnten wir die Umrisse des Schmetterlings sehen.

Die Übung so lange machen, wie es angenehm ist. Mit der Zeit die Bewegungen wieder kleiner werden lassen, bis sie schließlich ganz ausklingen.

Dann dieselbe Übung wiederholen – diesmal jedoch die Handinnenfläche die Bewegung anführen lassen – so entsteht ein Richtungswechsel.

Wirkung der Form

Voller Anmut und
mit spielerischer Leichtigkeit
galoppieren sie
das Meeresufer entlang
und entführen meine Schwermut."

Da das Einhorn reine Liebe verkörpert, erzeugt das Tanzen der Form einen tiefen Frieden. Eine ganzheitliche Regeneration kann stattfinden. Die Organe werden gestärkt, vorab das Königsorgan «Herz». Die ganze Bewegungsmeditation ist durchdrungen von Herzqualität. Gegensätze werden verbunden – es entsteht ein Gleichgewicht zwischen männlichen und weiblichen Anteilen. Die Form hat einen ausbalancierenden Effekt.

Darüber hinaus möchte das Einhorn, als vielleicht oft vergessenes Wesen unserer kindlichen Träume, erneut wahrgenommen werden. Sein Wunsch ist es, dass wir den Glauben behalten an das magisch Mystische, an das Übersinnliche. Im Folgenden einige Aussagen von Menschen, die den Einhorn-Tanz seit längerer Zeit praktizieren.

Margrit

Ich übe den ersten Teil der Form seit längerer Zeit. Die Formen sind mühelos auszuführen, die Abläufe in einer Reihenfolge, die ich mir gut merken kann.

Sehr beruhigend wirkt der behutsame Anfang. Mehrmals die fast gleichen Abläufe beim Herzraumöffnen und -erweitern haben einen angenehmen Effekt. Die Bewegungen gehen immer vom Herzraum aus. So wirken sie bei mir auch genau auf diesen Körperteil.

Das Meer entlang galoppieren bringt den Kreislauf in Gang. Ich liebe diese Stelle besonders. Ich werde wacher nach dem vorangehenden meditativen Teil. So kann ich anschließend an diese Sequenz gut spüren, wie sich mein Blut wieder langsamer bewegt, der Atem sich beruhigt und die Füße den Boden neu wahrnehmen.

Ich lenke meine Vorstellungskraft in das jeweilige Organ, wenn ich dieses stärke. Ich spüre mein Organ auf der physischen Ebene, und das fällt mir dank der auf das Organ ausgerichteten Bewegung leicht. Ich nehme die Lebendigkeit der Organe wahr.

Pia

Das Tanzen der Einhorn-Form löst in mir Folgendes aus: Körperliche Beweglichkeit, tiefe Entspannung, Freude, Zufriedenheit mit mir und meinem Körper – der Zugang zu meinen tiefen Ebenen wird mir eröffnet.

Ich komme bei mir an und spüre meine Verbundenheit mit allem, was ist – Universum, Natur, Unendlichkeit …

Verbindung von Körper, Seele und Geist, das kommt alles zur Ruhe, und gleichzeitig beginnen alle drei Ebenen energetisch gemeinsam zu «schwingen».

Einhorn – unaufgeregte, tief wirkende Form, harmonisch, mich beglückend – immer wieder auf allen Ebenen wirkend, führt mich tief in mein Inneres, zu meinem Selbst.

Eveline

Ich mache die Form regelmäßig im Geist – vor dem Einschlafen oder wenn ich nach dem Erwachen nicht mehr einschlafen kann. Ich komme zur Ruhe, empfinde Gelassenheit. Je nach Situation berühren mich einzelne Teile, Bewegungen sehr unterschiedlich. Die dynamischen Teile (Herzarbeit, Verbindung mit den Kräften aus der geistigen Welt, Auseinandersetzung mit den Schatten, Dunkel in Licht wandeln, Herz befragen) gefallen mir sehr.

Die Form im Geist zu machen, stärkt mich. Ich kann sie jederzeit ausführen oder auch nur gewisse Teile daraus.

Bei einem bestimmten Thema, zu dem ich Irene in einer Kern-Beratung konsultiert habe, bekam ich durch die Einhorn-Form Unterstützung und Vertrauen, dass ich es kann. Ich traute mich an die Situation heran, welcher ich zuvor wenn möglich ausgewichen war, obschon ich wusste, dass mir das nicht hilft. Allein der Gedanke daran ließ mich in Panik verfallen. Irgendwann wusste ich, morgen ist der Tag, da ich mich an die Sache wage. Ich fühlte, wie ein Schwarm Schutzengel und eine Herde Einhörner mich begleiteten. Ich war nervös, aufgeregt, aber wunderbarerweise nicht panisch. Auch wenn nicht alles perfekt war, habe ich vor allem das gesehen, was mir gelang. Das Unvorhergesehene brachte mich aus der Ruhe, doch ich meisterte die Situation trotzdem, mit laut klopfendem Herzen und rotem Kopf ... Aber ich schaffte es, und das ist mir das Wichtigste!

Veronika

Ich praktiziere die Einhorn-Form mindestens zweimal pro Woche und komme oft zu ähnlichen Ergebnissen. Die Form hat für mich etwas sehr Flüssiges und Lichtvolles. Es ist nicht schwierig, sich in diesen Fluss zu begeben. Der Ablauf ist stimmig, der Kontakt mit den verschiedenen Ebenen (Körper, Spiritualität, Transformation) macht Sinn und bringt Erfüllung. Die Leichtigkeit, die ich beim Üben empfinde, bleibt nachhaltig in mir: gute Laune und ein Lächeln im Gesicht. Beim mentalen Üben, also beim inneren Vollziehen der Form, kommt eine große Ruhe über mich; ich kann zum Beispiel gut einschlafen. Der «devine homesickness» wird Rechnung getragen mit der Bewegungssequenz «woher kommen wir – wohin gehen wir?». Genau darum geht es doch im Leben: Wie kann ich dieser Sehnsucht begegnen und sie stillen? Der Einhorn-Tanz bringt den erforderlichen Zugang zu dieser Tiefe.

Einhorn – ein spirituelles Märchen

*Rosenblätter zart
schweben auf das Schlachtfeld hinab –
unermüdlich und
in großen Rudeln erlösen
Einhörner verirrte Seelen."*

Mein Name ist Reina Luz. In einem finsteren Zeitalter geboren, wurde ich schon früh von meiner Großmutter Ama Luz in der Lichtarbeit geschult. Dies musste stets im Geheimen geschehen, denn grausam waren die Strafen der regierenden dunklen Mächte. Eine meiner frühesten Kindheitserinnerungen ist der Duft von Räucherwerk, der durch das kleine Holzhaus zog, das wir damals bewohnten. Noch heute werde ich sofort an diesen Ort der Geborgenheit zurückversetzt, wenn ich den Duft von brennendem Salbei und Weihrauch einatme. Ebenso ist es mit dem Tee, den meine Großmutter aus selbst geernteten Kräutern wie Minze, Ringelblume, Thymian und Rosenblättern zubereitete. Sobald ich eine Schale davon trinke, sehe ich Ama vor mir, wie sie mich aus ihren gütigen Augen anblickt und sich ihr runzeliges Gesicht zu einem weisen Lächeln verzieht.

Eines Morgens weckte sie mich sehr früh auf. Es war noch dunkel. Ama hieß mich, mein Bündel mit den wichtigsten Dingen zu schnüren. Dazu gehörten eine kleine Glasflasche mit Goldwasser, ein geschnitzter Zauberstab, ein Silbermesser und ein Muschelhorn – weiter etwas Proviant und Wasser. Schweigend machten wir uns auf den Weg. Das taunasse Gras funkelte in den ersten Sonnenstrahlen. Rasch stiegen wir den Berg hinauf, an dessen Hang sich unser Haus befand. Als wir auf das Plateau kamen, suchten wir Holz und machten ein Feuer. Als es munter brannte, breitete Großmutter eine gewobene Decke mit Vogelornamenten in bunten Farben auf dem Boden aus. Ich legte mich darauf, schloss die Augen und lauschte dem Knacken und Sprühen des Feuers. Bald kam der Duft von verbrannten Kräutern hinzu, und ich entspannte mich. Ama begann zu trommeln, was mich augenblicklich in einen tiefen, meditativen Zustand versetzte. Ich nahm noch wahr, wie Ama mit der Trommel einen heiligen Kreis um mich und das Feuer schuf, und dann war ich in der anders gestalteten Wirklichkeit.

Vor mir sehe ich ein weißes Licht, das sich in Form einer liegenden Acht bewegt. Immer schneller rotiert dieses Licht. Plötzlich spüre ich es in meinem Herzen. Sehr schnell beginnt sich diese Acht vom Zentrum her in alle Richtungen zu drehen, sodass eine dreidimensionale, weiß gleißende und schwingende Blume entsteht. Später kommt Gold hinzu, und die Blume weitet sich aus – mein Herz wird leicht und weit. Eine Initiation steht bevor. Ich bitte meine Verbündeten in der geistigen Welt um Führung und Schutz – allen voran verbinde ich mich mit dem Einhorn, meinem Krafttier.

Es beginnt, in meinem Nacken zu kräuseln. Wie von Zauberhand wird mein Kopf sanft nach unten gedrückt, ich verneige mich in tiefer Demut. Plötzlich befinde ich mich an einem Meeresstrand und sehe einen Ritter mit seinem Pferd, wie sie schwer verwundet angespült werden. Über seinem Kopf scheint wie bei einer Ikone ein goldfarbener Heiligenschein. Eine Stimme ertönt: «Sein Stolz wurde gebrochen!» Sofort weiß ich, dass dieser Mann für eine bessere Welt eingestanden und daran zerbrochen ist. Lichte Mächte sind da, als er sein Leben aushaucht. Auch ein Einhorn steht an seiner Seite. Ich weiß, dass ich diesen Mann in einem früheren Leben gut gekannt habe. Sehr traurig und doch unendlich froh, dass mir die Ehre zuteilwird, ihm das letzte Geleit hier auf Erden zu geben, bereite ich alles vor, damit er seine Reise antreten kann. Als ich seinen Körper und den des Pferdes den Flammen übergebe, sehe ich, wie seine Seele zum Himmel hochsteigt.

Lange sitze ich am Meer und schaue den prasselnden Flammen zu. Die Sonne neigt sich bereits dem Horizont entgegen, als eine wunderschöne Frau auf einem Schimmel in wildem Galopp auf mich zureitet. Ihre langen Haare flattern im Wind. Sie hat ein Schwert umgegürtet, und ich weiß, dass sie in den Kampf reitet. Nichts scheint sie bremsen und beugen zu können. Ich möchte sie zurückhalten, möchte sie anflehen, doch hier zu bleiben. Aber ich bin wie gelähmt, kein Ton kommt aus meiner Kehle. Auch diese Frau wird besiegt werden und für ihre hehren Überzeugungen fallen. Ihr Pferd wird sich in ein Einhorn verwandeln. Dies alles zieht sekundenschnell an meinen Augen vorüber. Ich bete für sie und hoffe, dass sie nicht leiden muss. Wieder wird mein Kopf gesenkt, ich verneige mich tief vor ihr und den geistigen Kräften. Auch ihre Seele sehe ich in den Himmel aufsteigen – und auch sie habe ich gekannt.

Es dunkelt schon, als ich mich auf den Weg mache. Ein einsames Licht etwas weiter vorne zieht meine Aufmerksamkeit auf sich. Es kommt aus einer kleinen Hütte. Als ich anklopfe, öffnet mir eine weißhaarige Alte. Sie heißt mich freundlich eintreten. Drinnen duftet es herrlich nach Kräutern, welche an Schnüren zum Trocknen aufgehängt sind. Ich darf eine wohlriechende Suppe mit ihr teilen, die sie soeben angerichtet hat. Und im Gespräch erfahre ich, dass sie eine Heilerin ist und Solea heißt. Irgendwie kommt mir ihr Gesicht seltsam vertraut vor.

Da es mittlerweile recht spät geworden ist, darf ich bei Solea übernachten. Sie richtet mir neben dem Kamin ein weiches Lager her. Erschöpft von den Ereignissen des Tages, schlafe ich rasch ein und entschwebe in die Traumwelt …

Ich befinde mich in den Bergen. Nach einer schweißtreibenden Wanderung stoße ich auf eine armselige Hütte. Sie ist gefährlich nahe am Abgrund gebaut; ja, ein Teil ragt bereits über der gähnenden Leere. Neben der Hütte sitzt eine Frau in Lumpen gehüllt. Sie zittert und hält eine Ziege am Strick fest. Die Haare hängen ihr wirr ins Gesicht, und sie verströmt einen Geruch von Schweiß und großer Angst. Im Gespräch vernehme ich, dass sie Bethel heißt. Sie ist verzweifelt, weil sie nicht weiß, wie ihre Hütte geflickt werden könnte. Ich biete ihr an, nachzusehen, ob ich vielleicht etwas reparieren kann. Mit all meinen Kräften versuche ich, die Hütte mit Pfeilern abzustützen – meine Hände glühen. Die Zaubersprüche, die mich meine Großmutter gelehrt hatte, kommen mir in den Sinn. Aber so sehr ich mich auch anstrenge, ich schaffe es weder durch Zauberkräfte noch durch meine physische Kräfte, etwas auszurichten. Enttäuscht gebe ich auf, als ein unheimliches Grollen ertönt. Intuitiv packe ich Bethel am Arm und reiße sie samt Ziege mit mir fort. Die Erde bebt. Und als wir uns nach kurzer Zeit atemlos umdrehen, ist von der Hütte nichts mehr zu sehen. Nur Staub und ein schwarzes Loch, wo diese einst stand …

Ich gehe schweigend weiter, die jammernde Bethel mit ihrer meckernden Ziege dicht hinter mir. Wenig später erreichen wir ein Hochplateau. Am munter plätschernden Bach waschen wir uns. Fasziniert beobachte ich, wie sich aus den schmutzigen Hüllen eine wunderschöne, junge Frau schält. Wie Schneewittchen erscheint mir Bethel mit ihrer reinen, weißen Haut und den schwarz glänzenden Haaren. Nichts erinnert mehr an das zerlumpte und jammernde Weib. Auf dem Kopf trägt sie ein feines, kleines Krönchen. Sie nimmt es ab und will es mir aufsetzen. «Nein», rufe ich verwirrt, «so etwas passt doch gar nicht zu mir, auch steht es mir nicht zu!» Eine spöttische Stimme ertönt: «Aha, nein?» Ich drehe mich um, kann jedoch niemanden entdecken. Eine Erkenntnis durchzuckt mich: Doch, annehmen, darum geht es. Also nehme ich Bethel, immer noch etwas zögernd, das Krönchen ab. Wie ich es aufsetze, verwandelt es sich in eine größere Krone, die sich meinem Kopfumfang mühelos anpasst. Auch wirkt sie nun etwas wild und ungleichmäßig, was mir gefällt. Wie ich mich suchend nach Bethel umsehe, ist diese verschwunden, ebenso ihre Ziege. Wie laut ich auch rufe, nur das Echo meiner Stimme ist zu vernehmen. Bevor ich mich weiter wundern kann, ertönt wieder die Stimme aus dem Nichts: «Das war deine erste Aufgabe, die du zu bewältigen hattest. Es ist dir gelungen, deine Angst nicht weiter zu hegen und zu pflegen, sondern sie bewusst wahrzunehmen. Dadurch konnte sie transformiert werden. Nun erfolgt gleich deine zweite Aufgabe!» Wieder drehe ich mich suchend um. Eine Eule hat sich auf einem Baum niedergelassen und schaut mich mit einem Auge durchdringend an – das andere ist geschlossen. Das offene Auge leuchtet gelb und ist von einem tiefschwarzen Ring umgeben. Magisch angezogen, schaue ich in dieses leuchtende Auge hinein. Es ist, als ob ich hineingesogen würde. Plötzlich löst sich das Auge von der Eule und fliegt sekundenschnell in meine Richtung. Bevor ich überhaupt reagieren kann, macht es «flapp, flapp, flapp ...», und sieben Lichter, mit eisernen Ringen umhüllt, fliegen in mich hinein – in jedes Chakra eines. Kaum denke ich, dass diese eisernen Ringe doch noch entfernt werden sollten, als eine große Wärme mich durchströmt. Mir wird heiß und heißer – ich spüre förmlich, wie die Ringe in meinem Inneren zu schmelzen beginnen. «Ja, so ist es richtig», denke ich. «Aber ist so etwas auch wirklich möglich, einfach so, ohne mein anstrengendes Dazutun?» Da ertönt wieder die Stimme: «Du hast die Angst überwunden. Erkenne nun, dass Zweifel wirklich fehl am Platz sind! Wisse, alles, was du mit deinen Händen anfasst, kann zu Gold werden. Alles, was du mit deinen Augen betrachtest, kann zu Gold werden. Überhaupt alles, was du mit deinen Sinnen erfasst, kann in Gold verwandelt werden. Du musst einfach daran glauben! Bereite

dich auf die nächste und letzte Aufgabe vor!» Ich spüre nach. Und wirklich, die eisernen Ringe sind verschwunden. Ich kann wunderbar frei atmen, bin verbunden
mit Erde und Himmel, Glückseligkeit durchströmt mich. Ich fühle mich frei. Da höre
ich wieder die Stimme: «Lebe dein Licht, Reina Luz – unterdrücke es nicht mehr, lass
es strahlen – beuge dich nicht mehr vor fremden und dunklen Mächten! Öffne dein
Herz, befreie es. Den Schutz, der für viele Jahrhunderte nötig war, braucht es nicht
mehr – im Gegenteil, um zu wachsen, musste dieser Herzschutz losgelassen werden!» Tiefes Verstehen, große Liebe und Dankbarkeit durchströmen mich – Frieden
ist in mir.

Nun doch etwas müde von all den Ereignissen, lege ich mich ins Gras. Die Sonne
scheint angenehm warm. Nur kurz noch denke ich an die bevorstehende dritte Aufgabe, bevor ich eindöse.

Ein kühler Windhauch weckt mich auf. Erst ist mir nicht klar, wo ich bin. Verwirrt
blinzle ich in die Sonne. Dann kommt mir sekundenschnell alles wieder in den Sinn.
Die dritte Aufgabe ... Irgendetwas an diesem Ort hat sich verändert. Wo sind die
Ruhe, die Wärme hin? Obwohl die Sonne weiterhin scheint, fröstelt mich. Nichts
Gutes ahnend, stehe ich auf und klopfe Erde und Grashalme von meinen Kleidern.
Da stockt mir der Atem. Ein riesenhafter schwarzer Lindwurm liegt neben mir und
bläst kalte Luft in meine Richtung. Ständig scheint er weiterzuwachsen. Sofort wird
mir speiübel, die Welt beginnt sich um mich herum zu drehen ... Wolken tauchen wie
aus dem Nichts auf und verdunkeln die Sonne. Ich scheine in einen tiefen Abgrund
zu fallen, unaufhaltsam ... In meinem Inneren höre ich eine Stimme: «Lass los, lass
alles los!» Ich falle und falle, durch Zeit und Raum hindurch, eine gefühlte Ewigkeit
lang. Endlich komme ich an. Als der Schwindel etwas nachlässt, kann ich mich langsam orientieren. Und ich merke, dass ich mich wieder am selben Ort auf der Wiese
des Hochplateaus befinde. Auch der turmhohe Lindwurm ist noch da. Bevor ich überhaupt richtig nachdenken kann, frage ich ihn: «Was willst du von mir?» Mit donnern-
der Stimme antwortet er: «Dich kleinhalten!» Ohne zu zögern richte ich meinen

Zauberstab auf ihn. Sekundenschnell schrumpft der Lindwurm zu einem Winzling zusammen, um dann spurlos zu verschwinden. Herausfordernd rufe ich: «Zeige dich doch nochmals!» Ich kann aber nur noch seine Stimme hören: «Nein, du kennst jetzt deine Gestaltungskraft. Ich kann dich nicht mehr kleinhalten. Du hast deine Zögerlichkeit abgelegt und deine natürliche Macht anerkannt!»

Tief ein- und ausatmend lasse ich mich erneut ins Gras fallen. Meine Augen folgen den ziehenden Wolken am Himmel, während ich stumm ein Dankesgebet spreche. Dann wird es Zeit, den Rückweg anzutreten. Jedoch, will ich wirklich dahin zurück? Ich schaue mich suchend um. Und nochmals streift mein Blick über den Himmel. Da entdecke ich in einem Wolkengebilde ein strahlendweißes Einhorn. Es scheint mich zu rufen. Als ich in die Richtung schaue, in welche sein Horn zeigt, entdecke ich einen Weg, der über einen Pass führt. Augenblicklich mache ich mich auf, diesem Weg zu folgen; in mir die Gewissheit, dass dies der richtige Weg ist.

Eine liebevolle Stimme ertönte, und eine Hand rüttelte an meiner Schulter. «Reina Luz, wach auf! Es ist Zeit, wieder zurückzugehen!» Verwirrt rieb ich mir den Schlaf aus den Augen. Wo war ich denn? Nach und nach kamen mir all die Ereignisse in den Sinn. Zuletzt ging ich doch die Passstraße entlang … Da erkannte ich meine Großmutter Ama, und meine Verwirrung wuchs. Verständnisvoll lächelte sie mir zu. «Doch, doch, du gingst über diesen Pass. Und du hast diese drei Aufgaben bestanden! Es ist nun an der Zeit, dass du deinen eigenen Weg gehst und das Gelernte anwendest!»

Es dauerte einen Moment, bis ich wirklich begriffen hatte. In Windeseile zogen die Bilder an mir vorüber. Der sterbende Ritter mit seinem Pferd, die stolze Kämpferin, die alte Heilerin … Bethel, die Angst, welche transformiert wurde. Die eisernen Ringe, die geschmolzen waren, damit das Licht voll strahlen konnte. Und zuletzt der riesige Lindwurm … Alles Aspekte meiner selbst!

Wieder nickte meine Großmutter zustimmend. Tiefe Freude und Dankbarkeit durchströmten mich. Wie weise hatte sie mich doch all die Jahre unterwiesen! Gleichzeitig spürte ich Traurigkeit in mir aufsteigen. Sie sollte ich nun verlassen. Es zerriss mir schier das Herz. Das Feuer war hinuntergebrannt. Ama häufte geschickt ein paar verkohlte Stücke in ein Glasgefäß und übergab sie mir. Ich wusste, dass ich mein nächstes Feuer allein anzünden müsste. Und dass diese Überreste dem neuen Feuer die große Kraft des alten hinzufügen würden. Etwas getröstet legte ich das Gefäß in mein Bündel. Liebevoll nahm mich Ama an der Hand, und wir machten uns schweigend auf den Weg zu unserem Haus.

Dies alles hat sich vor vielen Jahren zugetragen. Längst ist meine Großmutter ins große Licht hinüber gegangen. Aber auch von drüben unterweist sie mich weiterhin tief und weise, ebenso mein Einhorn! Immer, wenn ich mich einsam, unverstanden oder kraftlos fühle, rufe ich mir all das Erlebte wieder in Erinnerung. Und sofort durchströmt mich große Zuversicht, und ich diene fraglos weiterhin dem großen Licht.

Begegne deinem Einhorn

Eine innere Reise

"Reinweiß steht es da –
zu glockenhellen Klängen,
das leuchtende Wesen –
sein Horn aufs Wasser richtend,
am verzauberten Waldsee."

Material
Decke, evtl. Augenmaske, Notizmaterial

Wichtig
Vor einer inneren Reise keinen Alkohol oder andere Drogen einnehmen.

Vorbereitung
Bereite das Zimmer vor, schaffe auf deine Weise einen heiligen Raum: Schaue, dass du nicht gestört wirst – stelle Telefon und Handy aus – räuchere den Raum und dich oder versprühe eine Duftessenz – entzünde eine Kerze – vielleicht magst du feine Musik im Hintergrund – lege besondere Kraftgegenstände wie Kristalle, Steine oder Federn hin. Falls du bereits einen Meditationsplatz in deiner Wohnung/deinem Haus hast, benütze diesen.

Lege dich auf den Boden und mache es dir bequem. Du kannst natürlich auch sitzen. Schließe deine Augen. Vielleicht möchtest du dir eine Augenbinde überziehen, damit du im Dunkeln ruhst. Atme ein paar Mal tief ein und aus – beim Ausatmen lässt du Spannungen, Gedanken und Sorgen los. Du lässt deinen Körper mit seinem ganzen Gewicht auf dem Boden ruhen, inklusive Kopf. Du entspannst auch deine Gesichtszüge, Ober- und Unterkiefer – die Augäpfel sinken tief in die Höhlen zurück – die Lippen sind weich – die Zunge ruht gelöst im Mund – und deine Kehle ist wie eine große, weite, goldene Straße, in der dein Atem ungehindert hin- und herströmen kann. Konzentriere dich dann auf dein Herz – atme ein paar Atemzüge dort hin – empfinde deinen Herzraum als weit und offen. Lasse darin eine Landschaft entstehen: Du siehst eine Wiese. Vielleicht steht da ein Baum, oder es hat mehrere Bäume, ein Hügel, ein großer Stein oder ... Sicher gibt es auf deiner Wiese ein Gewässer: eine Quelle, ein Bach, ein Fluss, ein Teich, ein See oder das Meer ... An diesem Platz fühlst du dich wohl und bist völlig geschützt. Nimm wahr, in welcher Jahreszeit du die Wiese siehst, zu welcher Tageszeit, bei welchem Wetter ... Nimm den Platz mit all deinen Sinnen wahr.

Innere Reise

Träume dich in das Kind, das du gewesen bist, bevor du die Welt in ihrer Begrenzung wahrgenommen hast – sei wieder das Kind, das an Wunder glaubt und für das alles möglich ist. Rufe nun dein Einhorn, begegne ihm und lasse dich von ihm an seine Lieblingsplätze führen. Vielleicht kannst du auf ihm reiten oder sogar fliegen … Sei dabei ganz offen, über welche Sinne sich dir das Einhorn zeigen wird – vielleicht siehst du es in allen Details über deine visuelle Wahrnehmung – vielleicht aber riechst du es lediglich, oder du kannst es im Dunkeln fühlen oder spüren. Eventuell hörst du es … Oder es ist eine Kombination aus verschiedenen Sinneswahrnehmungen. Alles ist möglich und gleichwertig.

Vielleicht verrät dir das Einhorn seinen Namen und sagt dir, weshalb gerade es dein Einhorn ist. Es erzählt dir, bei welchen Themen es dich unterstützen wird. Während der inneren Reise, welche ungefähr 10–15 Minuten lang dauert, versuchst du möglichst viel mit deinem Einhorn zu erleben und von ihm zu erfahren. Möglicherweise hat es eine ganz spezielle Botschaft für dich bereit. Wenn es Zeit für die Rückkehr ist, kommst du auf die Wiese zurück und bedankst dich bei deinem Einhorn und bei der geistigen Welt für all das Erlebte. Atme dann etwas tiefer ein und aus – bewege sanft deine Füße und Hände – dehne dich und gähne ausgiebig – öffne weich deine Augen ... Und komme ganz zurück in diesen Raum zu dieser Zeit. Massiere deine Füße, damit du wieder ganz verwurzelt bist. Notiere dann, was du auf deiner Reise alles erlebt hast.

Du kannst diese Reise jederzeit wiederholen und dabei dein Einhorn näher kennenlernen. Mit der Zeit kannst du es in wichtigen Angelegenheiten um Rat fragen. Auf seine Weise wird es dir Antwort geben und möglicherweise unerwartete neue Einblicke zu einem Thema eröffnen. Bei der Fragestellung ist es wichtig, dass du einen präzisen Satz formulierst, den man nicht mit Ja und Nein beantworten kann. Zum Beispiel: «Wie sieht mein nächster beruflicher Schritt aus?» anstelle von: «Soll ich die Stelle wechseln oder nicht?»

Schilderungen von Kursteilnehmerinnen

Als ich erwachte,
fühlt' ich den Traum tief und lang
in meinem Herzen –
mondbeschienene Treppe
mit weiß schimmernder Feder."

Innere Reisen

Regula

Nummer 1: Ich bin ein kleines Mädchen und liege im Gras. Das Gras ist noch nicht so hoch und etwas feucht. Ich rieche Grün und Erde. Ich stehe auf und springe herum und spüre das feuchte Gras unter meinen nackten Füßen. Ich gehe zum Waldrand und sehe einen kleinen Bach. Ich laufe runter zum Wasser und sehe auf der anderen Seite des Baches ein Einhorn stehen. Ich staune und schaue. Das Einhorn stampft mit seinem Huf, ich habe das Gefühl, dass es mich ruft. Ich krample meine Hosenbeine hoch und durchquere den Bach. Als ich auf der anderen Seite bin, ist das Einhorn verschwunden. Ich schaue umher und sehe das Einhorn etwas weiter weg zwischen den Bäumen stehen. Ich gehe auf das Einhorn zu, da entfernt es sich wieder etwas weiter. So geht das etwa drei Mal, dann hole ich das Einhorn ein. Ich berühre sein Fell, es ist hell und leicht kraus. Das Einhorn riecht nicht nach Pferd, es riecht irgendwie anders, kaum zu beschreiben. Nach meiner Frage berühre ich sein Horn, das fühlt sich kühl an, speziell, ich hätte es anders erwartet. Das Einhorn legt sich auf den Waldboden, ich lege mich daneben und lehne meinen Kopf an seinen Bauch. Das fühlt sich angenehm an. Ruhig liegen wir da, und ich schlafe ein.

Nummer 2: Ich bin an einem See. Es ist Abend, fast dunkel, Nacht. Das Einhorn kommt und holt mich ab. Ich sitze auf, und wir reiten den See entlang. Ich höre den Klang seiner Hufe, wenn sie das Wasser am Ufer berühren. Wir reisen über die Wiesen und durch den Wald. Auf einer Lichtung sehe ich ein Baumhaus. Es ist ganz aus Holz und recht klein. Eine Holzleiter steht vor seiner Eingangstüre. Diese Türe ist aus grobem Holz gemacht, hat kein Schloss und ist nur angelehnt. Ich steige ab, das Einhorn bleibt stehen, frisst Gras. Ich klettere die Leiter rauf, schiebe die Türe auf und sehe eine weite Landschaft. Ich trete ein in diese wunderschöne Landschaft und staune, was da alles Platz hat in diesem einfachen Baumhaus.

Eveline

Ich befinde mich auf einer Lichtung mit einem Wasserfall. Das Einhorn kommt auf mich zu. Es beginnt in unterschiedlich großen Kreisen, rechts herum, um mich herum zu traben. Mein Geist hat den Impuls, sich schneller zu drehen, quasi im Rhythmus zur Trommel. Das Einhorn schlägt ein ruhigeres Tempo an, einen leichten Trab. Ich werde ganz ruhig. Violettes Licht taucht auf, später wechselt es zu Gelb und Weiß. Die Drehung rechtsherum erlebe ich neu, anders. Diesen Aspekt integriere ich später in meinen Alltag und versuche, Dinge anders als gewohnt zu tun – das fühlt sich gut an.

Daniela

Ich befinde mich am Meer, genauer gesagt, ich sitze am Strand im Sand und schaue den Wellen zu. Auf einmal nehme ich in der Ferne rechts von mir ein helles Pferd wahr, das geradewegs auf mich zukommt. Was da plötzlich vor mir steht, ist – welch'

Wunder – ein Einhorn! Es fordert mich auf, bei ihm aufzusteigen. Gesagt, getan, und so reite ich auf ihm von der Küste in den angrenzenden Wald. Nach kurzer Zeit kommen wir zu einer geheimnisvollen Lichtung. Dort drehen wir einige Runden, bevor ich neugierig «mein» Einhorn frage, ob es hier für mich eine Botschaft bereithält. Ja, dazu müssen wir uns allerdings zur Mitte der Lichtung bewegen. Wiederum folge ich seinen Anweisungen und reite mit ihm zur Mitte der Lichtung. Kaum angekommen, befinden wir uns urplötzlich auf einer großen, endlosen Treppe. Die Trittflächen sind aus Wasser und die Stoßflächen (Front) mit Moos besetzt, trotzdem gelingt uns ein müheloser Aufstieg. Auf einmal setzen wir unsere Reise durch die Luft fort, wir fliegen! Bis das Einhorn wieder sanft auf einem Weg aufsetzt, der aus lauter riesigen und wunderschönen Blumen besteht ... Es ist an der Zeit, zurückzukehren. Auf dem Rücken des Einhorns kehre ich wieder an den Sandstrand zurück. Ich steige ab, bedanke mich bei ihm und schaue, wie es langsam in die Ferne entschwindet.

Pia

Ich stehe auf der Wiese, schaue mich nach dem Einstieg um, sehe in nicht allzu weiter Entfernung eine Leiter, welche mitten auf dieser Wiese steht, scheinbar ohne Halt. Und doch steht sie und führt nach oben, und ich weiß, das ist mein Einstieg, da will ich rauf. Während des Aufstiegs höre ich ein Geräusch, schaue nach oben und sehe mein Einhorn im Anflug. Kurze Verwirrung im Sinne von «das hat ja Flügel und fliegt», und schon sitze ich auf dem Einhorn, und wir fliegen davon. Hoch und immer höher – irgendwann realisiere ich, dass ich hier oben keine Landschaften, und seien diese noch so schön, anschauen kann. Wir fliegen durch das All, wir nähern uns den Sternen. Als das Einhorn mich absetzen will, löst das in mir erneut eine Irritation aus: Wo soll ich denn stehen? Hier gibt es keinen Boden! Gleichzeitig werde ich bereits, nicht gerade abgeworfen, aber ohne Verzögerung abgesetzt ...

und ich stehe. Keine Ahnung worauf, aber ich bin gehalten, ich stehe. Nach einem Tor Ausschau haltend, sehe ich nirgendwo irgendetwas, das mit einem Tor Ähnlichkeit hat. Ein großer Stern vor mir erweckt meine Aufmerksamkeit. Indem ich ihn ausführlich anschaue, weiß ich, das ist mein Tor, ein Sternentor! Ich gehe darauf zu, versuche das Sternentor zu öffnen, und es öffnet sich quasi von selbst. Ich trete hindurch und befinde mich inmitten von Tausenden, Millionen leuchtender Sterne, und ich staune und staune. Gerade als ich Lust bekomme, mit diesen vielen Sternen zu spielen – ich könnte doch von einem zum anderen hüpfen, ist so eine Idee – ist schon Zeit für den Rückweg.

Meine Aufgabe für die kommende Zeit: Sich ganz bewusst werden, dass sich die Wahrnehmung in verschiedenen Bildern zeigt, und alle haben ihre Richtigkeit. Dort, wo ich meine, keinen Boden zu haben, kann es sehr wohl möglich sein, zu stehen!

Margrit

Winternachmittag: Die Wiese, der Bach mit den Steinen, alles tief verschneit und ruhig im milden Licht der Wintersonne.

Ich steige über die großen Steine im Bach hinüber auf die andere Seite. Im lichten Wald wartet das weiße Einhorn auf mich. Ich steige auf, und wir galoppieren durch den Wald. Der Waldboden ist weich, zum Teil mit Schnee bedeckt und zum Teil moosig und grün. Nach einem langen Ritt quer durch den Wald geht es hinauf in die hügelige Landschaft außerhalb des Waldes. Die Sonne scheint, der Himmel ist klar und blau. Mein Einhorn hebt leicht vom Boden ab und begibt sich in die Luft. Wie ein Milane kreisen wir über den Hügeln, schauen hinunter auf die Erde.

Dann der Hinweis auf ein Tor, das ich öffnen und durchreiten soll. Was sich dahinter befindet, ist wichtig für mich in der nächsten Zeit. Es ist eine neue, aus hellem Arvenholz gefertigte zweiteilige Stalltüre, reich verziert mit Schnitzereien. Die Türe duftet nach frischem Holz. Ich öffne die beiden Teile der Türe und trete in einen alten Stall ein. Im Stall ist es dunkel und warm, und ich habe sofort ein vertrautes heimeliges Gefühl. Die Stalldecke liegt tief, es riecht nach Tieren. Der Raum ist begrenzt und überschaubar. Ich kann knapp aufrecht stehen. Ein Dutzend Walliser Schwarzhalsziegen wenden mir ihre Köpfe zu, als ich eintrete. Sie schauen mich aus ihren klaren, ruhigen Augen an. Ort, Geruch und Situation sind mir vertraut, ich kann innehalten, ruhig werden und verweilen.

Sophia

Ich bin auf einer Wiese, es ist Morgen, hell. Dicht vor mir ist ein kleines stehendes Wasser, wie eine große Pfütze, klar, mit viel Moos am Grund. Alles ist grün. Das Einhorn ist da. Irgendwann sitze ich auf seinem Rücken. Obschon mir mehr nach gemächlichem Tempo ist, sind wir im Galopp unterwegs. Zu meinem Erstaunen genieße ich das Tempo, die Dynamik sehr. Es ist sehr belebend. Nach einer Weile wirft mich das Einhorn ab. Weder falle ich, noch empfinde ich es als Abweisung, dass ich nun „auf meinen Beinen" stehe. Es ist, als wollte mir das Einhorn sagen: «Schau, ich brauche gerade jetzt mehr Raum. Bleib da; es ist gut, dass du hier bist. Ich muss, um jetzt meinem Impuls folgen zu können, einfach einen freien Rücken haben.» Ich schaue zu, wie das Einhorn über die Wiese wirbelt. Was ist es, wofür ich mehr Raum, meinen Raum ganz für mich brauche? Was brauche ich, um dies auszuleben? Ich gehe mit dem Tier neben mir weiter. Irgendwann kommt ein Waldrand, das ist mein Tor, ein Übergang. Bewusst werde ich dieses Tor durchschreiten. Vorfreudig bin ich, was mich erwartet … Im Wald merke ich, dass ich ganz fest mit meinem Thema, meinen Fragen an diesem Ort ankommen und sein möchte. Ich lasse mich auf den neuen Ort ein, bleibe bei meinem Fokus. Ich lasse mich nicht ablenken von dem, was auch noch neben mir ist. Es hat alles nebeneinander Platz. Fokussiert beobachte ich mich; präsent und wach. Ich tauche ein und bald auch ab. Direkt aus diesem klaren Sein in diesem Wald, hinter dem Tor, mit meinem Anliegen. Entspannt sinke ich immer mehr in die Gymnastikmatte unter mir. Es ist wunderbar, ohne Ablenkung durch «Alltagsgedanken» in diese Entspannung zu gleiten.

Fazit: Wenn ich mich fokussiere und meinem Bestreben den gewünschten Raum gebe, kann sich meine Energie entfalten. Meine Themen brauchen ihren Raum, dann komme ich vorwärts. Ich muss mich nicht wehren. Wenn ich in meinem Element bin, dann kann ich Erschwerendes abwerfen, ohne es zu verstoßen.

Yolanda

Ich befinde mich auf einer schönen Lichtung mit sonnengepunkteter Landschaft, einem kleinen Wasserfall und viel wohltuendem Grün. Ich trage ein weißes Baumwollkleid, wie es in meiner Kindheit Mode war, sowie große weiße Satinschleifen im Haar. Es bleibt mir keine Zeit, die Landschaft zu genießen, weil mein weißes Einhorn kommt, mich stupst und aufsteigen lässt. Wir galoppieren von der Lichtung weg und einen schmalen Felsweg hinauf. Oben befindet sich ein See inmitten von Bergen. Ich setze mich ans Ufer und lasse die Weite und die Höhe der Berge auf mich wirken. Dann werde ich aufgefordert, ins Wasser zu steigen, was ich mitsamt meinen Kleidern mache. Sehr schnell sinke ich nach unten und lasse mich unter Wasser treiben. Das Wasser weist alle möglichen Schattierungen von Blau und Grün auf, ist ganz lichtdurchflutet und klar. Ich merke, dass ich atmen kann, und frage mich, ob mir Kiemen gewachsen sind und ich zur Meerjungfrau mutiert bin. Aber ich bin immer noch ich als Mädchen und kann unter Wasser atmen. Was auf die Aufforderung hin, loszulassen, was ich nicht mehr benötige, passiert, erinnere ich mich nicht mehr. Kurz darauf tauche ich auf und kehre zu meinem Einhorn zurück, das am Ufer auf mich wartet. Ich bin nun kein Mädchen mehr, sondern eine junge Frau. Meine Kleider habe ich im Wasser zurückgelassen. Angelehnt an den warmen Körper des Einhorns, bleibe ich noch eine Weile am See.

Abschließende Gedanken

„Hörst du mir echt zu?
Willst du meine Botschaften
wirklich vernehmen?
Dann verbinde Herz und Bauch,
und dein drittes Auge leuchtet!"

Mein Vorschlag ist, jeden Tag einen Moment zu üben, ungefähr eine Viertelstunde lang. Die Wirkung ist so größer, als wenn wir einmal pro Woche zwei Stunden am Stück dran sind. Am besten jeden Morgen oder Abend eine Viertelstunde einplanen – nachspüren, wonach mir jeweils ist: Möchte ich in der Stille sitzen, dynamische oder eher sanfte Bewegungen ausführen? Die Einhorn-Form eignet sich hervorragend dazu, einzelne Teile herauszugreifen und länger wiederholend auszuführen. So könnte ich also an einem ersten Tag einfach die «Lemniskate-Bewegung» machen. Und am nächsten Morgen einen Moment lang das «Qi wecken» So kann mit der Zeit die ganze Form natürlich aufgebaut werden.

Glossar

Handherz und Fußherz,
offen, weich und durchlässig –
mit unserem Herz
zusammen haben wir fünf
Herzen – wie wunderbar reich!"

● *Dantian/Zinnoberfeld*

Körperregion, die für das Bewahren der Vorstellungskraft und als Sammelorte für Qi (Energie) eine besondere Rolle spielt. Lokalisation des mittleren Dantians: 2–3 Fingerbreiten unterhalb des Nabels und 2–3 cm in den Körper hineindenken.

● *Den Tiger umarmen, zurückkommen auf den Berg*

Wenn wir die Arme kreuzen und in unsere Handinnenflächen sehen, umarmen wir unser kleines Ich. Wir betrachten unsere Licht- und Schattenseiten, ohne diese zu bewerten. Wenn wir dann die Arme weit über den Kopf hinaus heben und das Kreuzen der Hände auflösen, übergeben wir das kleine Ich unserem höheren Selbst. Diese Bewegung wird meist als Abschluss einer Bewegungsserie eingesetzt, wie das Wort «Amen» bei Gebetsende.

• *Drittes Auge/Yintang*

Lokalisation: in der Mitte zwischen den Augenbrauen.

• *Feinstofflicher Bereich*

Der unsichtbare Bereich, welcher einen physischen (grobstofflichen) Körper umgibt, die sogenannte Aura.

• *Fußherz/Yongquan: «Sprudelnde Quelle»*

Lokalisation: auf der Fußsohle in der Mitte und an der Grenze zwischen dem vorderen und mittleren Drittel des Fußes.

• *Handherz/Laogong: «Palast der Arbeit»*

Lokalisation: in der Mitte der Handinnenfläche.

• Pferd-Schritt

Nach Jiao Guorui entspricht beim «Standard-Pferd-Schritt» die Schrittbreite etwa drei Fußlängen; Gesäß und Unterkante der Oberschenkel bilden eine Linie. Tiefe und Breite des Pferd-Schrittes werden den Fähigkeiten der Übenden angepasst. Während der Menstruation und Schwangerschaft sollen mildere Varianten praktiziert oder der Schritt ganz weggelassen werden.[2]

• Qi

Kosmische oder innere Energie.

• Schwertfinger

«Zeigefinger und Mittelfinger sind ausgestreckt. Der obere Teil des Daumens liegt auf den Fingernägeln des Ringfingers und des kleinen Fingers. Ringfinger, kleiner Finger und Daumen formen einen Kreis.»[3]

---

2) Vgl. dazu Guorui Jiao, Die 15 Ausdrucksformen des Taiji-Qigong, Uelzen 1995, S. 136
3) Chiang Tao Chi und Petra Kobayashi, Die Schwertkunst des T'ai Chi Ch'uan, München 1995, S. 27

• *Schwerthand*

Auch leere Hand genannt. Aus dem Japanischen: Karate gleich «leere (unbewaffnete) Hand», welche angewendet wird, wenn die Schwertform ohne Schwert getanzt wird. Der leicht angewinkelte Daumen liegt am Zeigefingergrundgelenk – kleiner Finger bis Zeigefinger liegen aneinander – leicht gewölbte Hand, damit der Laogong-Punkt (s. oben) entspannt gehalten werden kann.

• *Tigermaul*

Die Fingerspitzen von Daumen und Zeigefinger beider Hände berühren sich und bilden so ein Dreieck. Das Tigermaul ist der Raum zwischen Daumen und Zeigefinger.

• *Yang*

Der männliche Pol.

• *Yin*

Der weibliche Pol.

Literatur/Quellennachweis

„Viele Bücher gibt's,
Jahrhundert alte und neue,
über dies Wesen.
Und doch musst du die Kräfte
selbst erforschen und erfahren."

Chi, Chiang Tao und Kobayashi, Petra
Die Schwertkunst des T'ai Chi Ch'uan
Irisiana Verlag, München 1995

Cooper, Diana
Das Wunder des Einhorns
Wilhelm Heyne Verlag, München 2011

Cooper, Diana
Einhorn-Karten
Ansata Verlag, München 2008

Jiao, Guorui
Das Spiel der 5 Tiere – Qigong – Gesundheitsfördernde Übungen
der traditionellen chinesischen Medizin
Medizinisch Literarische Verlagsgesellschaft MBH, Uelzen 1992

Jiao, Guorui
Die 15 Ausdrucksformen des Taiji-Qigong, Gesundheitsfördernde Übungen der traditionellen chinesischen Medizin
Medizinisch Literarische Verlagsgesellschaft MBH, Uelzen 1995

Kaiser, Annette
T'ai Ji – verbunden mit Himmel und Erde
ch. falk-verlag, Seeon 1990

Thuja, Aleke
Dem Einhorn auf der Spur – zur Kulturgeschichte eines Mythos
Knaur Verlag, München 1988

Yukitsuna, Sasaki und Klopfenstein, Eduard
Gäbe es keine Kirschblüten ... Tanka aus 1300 Jahren
Philipp Reclam jun. GmbH & Co., Stuttgart 2009

Dank

„Der Morgenwald atmet –
die frühlingsgrünen Blätter
flirren sacht im Wind –
ich tanze die Einhorn-Form,
verneig mich tief vor der Schöpfung."

Meinen spirituellen Lehrerinnen und Lehrern aus der geistigen Welt gehört mein tiefster Dank – sie schenkten mir die Eingebungen, damit der Einhorn-Tanz Gestalt annehmen konnte. Speziell meiner spirituellen Lehrerin M. Sch. danke ich von ganzem Herzen – ihre sanften Korrekturen und bereichernden Ergänzungen haben die Form vollendet.

Meinen Mitforscherinnen Ruth und Margrit D. gebührt ein großes, goldglänzendes Dankeschön – in vielen Trommelstunden haben wir Bemerkenswertes über die Einhörner herausgefunden.

Großer Dank gehört auch all meinen Tai Ji-Schülern und -Schülerinnen, die als Erste die Einhorn-Form gelernt und mir Rückmeldungen gegeben haben. Hieraus hat sich eine Gruppe von acht Frauen gebildet, die der Wirkung der Form nachgegangen sind: speziellen Dank an Daniela, Eveline, Margrit T., Pia, Regula, Sophia, Veronika und Yolanda. Dabei geht ein riesiges Dankeschön an Veronika, die das Manuskript als Erste kritisch durchgelesen und mit wertvollen Hinweisen versehen hat.

Meinem Partner Marc und meinen Freundinnen, insbesondere Marianne, Pia, Andrea und Margrit T., danke ich herzlich für ihre moralische Unterstützung – sie haben immer an die Realisierung meines Buches geglaubt, selbst dann, wenn ich entmutigt war. Dies gilt auch für meinen Sohn Gabriel, der mit seinem trockenen Humor oft neuen Wind hineingebracht hat, ohne dass er sich dessen bewusst gewesen wäre. Nino Ubezio verdient ganz besonderen Dank – er hat überaus einfühlsam und mit großem, technischem Wissen den ästhetischen Film und die Fotos produziert.

Als ich mit meinem Buchprojekt nicht mehr weiterkam, traf ich mich mit Mirjam Fischer, die mir mit Professionalität in die nächste Phase half – vielen Dank!

Äußerst dankbar bin ich auch meiner Lektorin Miriam Wiesel gegenüber – sie hat den Text fließender gemacht und mich so einiges über schweizerische und deutsche Formulierungen gelehrt. Ich bedanke mich herzlich für ihre kompetente und unterstützende Arbeit.

Dass das Buch jetzt formvollendet daliegt, habe ich der großartigen und unkomplizierten Unterstützung und Umsetzungskraft von Kerstin Fiebig zu verdanken.

Last but not least: Luc, dein IT-Support ist einmalig, vielen Dank!

Und auch all meinen Lesern und Leserinnen gehört ein großes Dankeschön. Möge das Licht des Einhorns alle Herzen verzaubern!

Der Einhorn-Tanz im Film

"Blätterrauschen leis
in der Abenddämmerung,
Windspiel hell ertönt,
beides auf- und abschwellend,
Kanon, oft auch parallel!"

Der Film zeigt die gesamte Bewegungsabfolge des Einhorn-Tanzes. In Verbindung mit der Beschreibung der Form erlaubt dies das Erlernen des Tanzes im Selbststudium. Natürlich kann zusätzlich gern ein Einführungskurs gebucht und besucht werden.

Hier der Link: **www.leer-raum.ch/einhorn-tanz**

Viel Freude!

Zeitfracht Medien GmbH
Ferdinand-Jühlke-Straße 7
99095 Erfurt, Deutschland
produktsicherheit@kolibri360.de